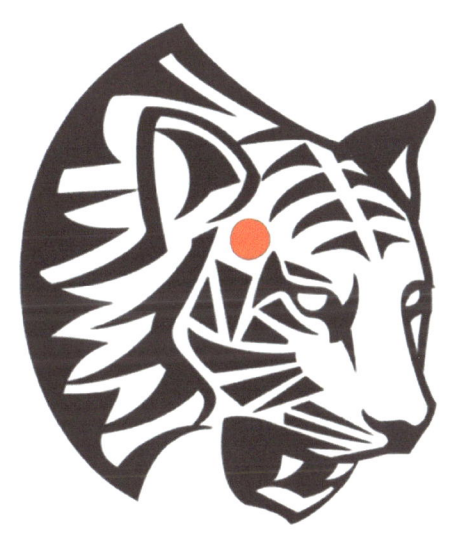

INDIATAROT

i TAROCCHI dell'INDIA

illustrati da Simone Gallina

Questo volume è il primo di una serie di libri da colorare.
Il tema sono i 22 personaggi delle carte dei Tarocchi Arcani Maggiori.
Ogni figura è stata liberamente interpretata, con disegni che sono stati realizzati ricreando l'atmosfera dell'India esotica che ci è stata tramandata dagli antichi libri d'avventura.

A tutti, la possibilità di completare queste illustrazioni con i propri colori.
Buon divertimento!

L'Autore

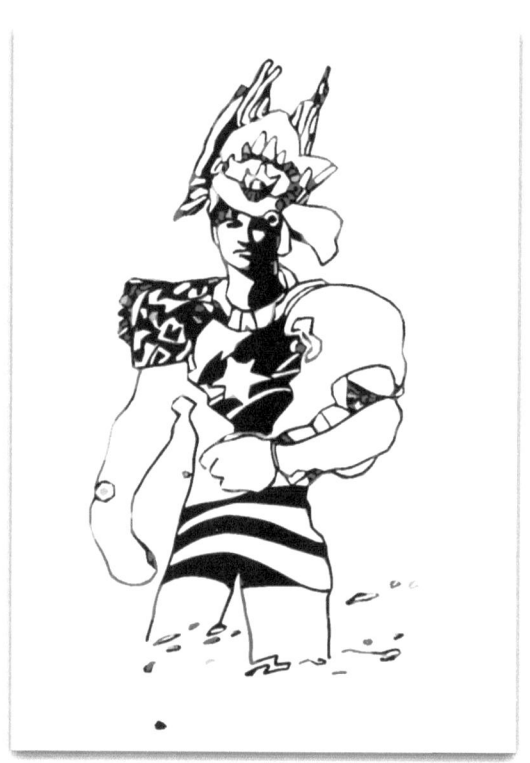

INDICE

0 – Il Matto
I – Il Mago (bagatto)
II – La Papessa
III – L'imperatrice
IV – L'Imperatore
V – Il Papa
VI – Gli Amanti
VII – Il Carro
VIII – La Giustizia
IX – L'Eremita
X – La Ruota della Fortuna

XI – La Forza
XII – la Sospesa
XIII – La morte
XIV – La Temperanza
XV – Il Diavolo
XVI – La Torre
XVII – La Stella
XVIII – La Luna
XIX – Il Sole
XX – Il giudizio (angelo)
XXI – Il mondo (universo)

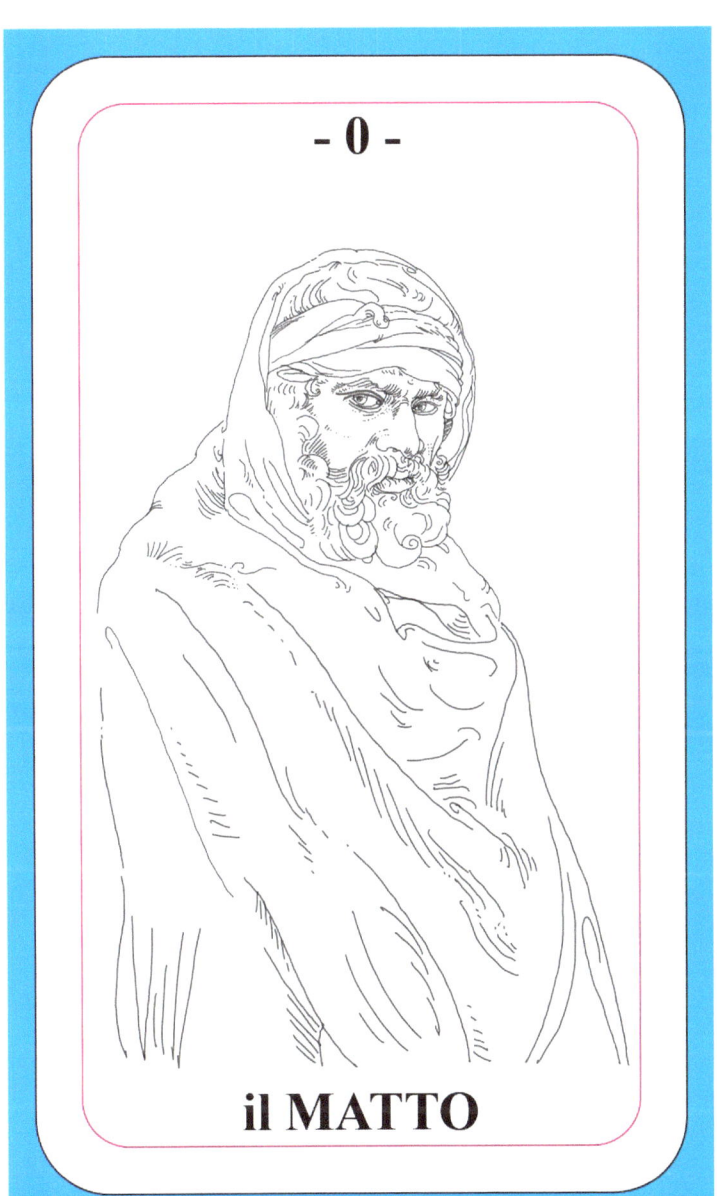

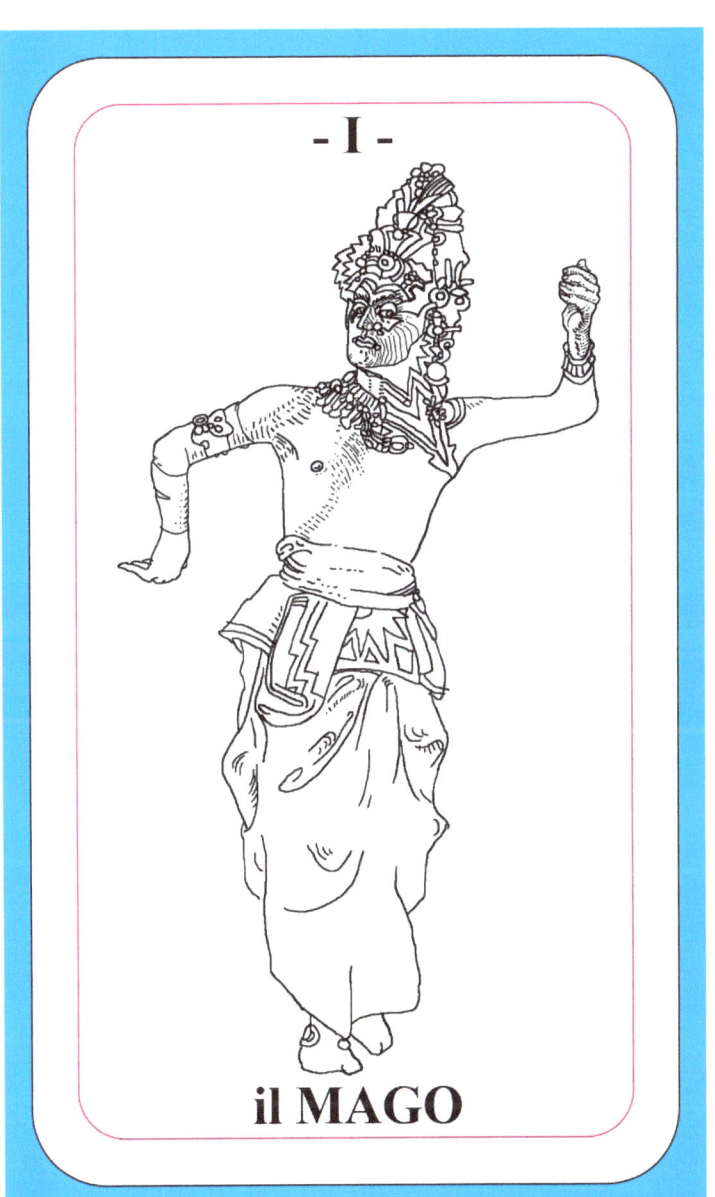

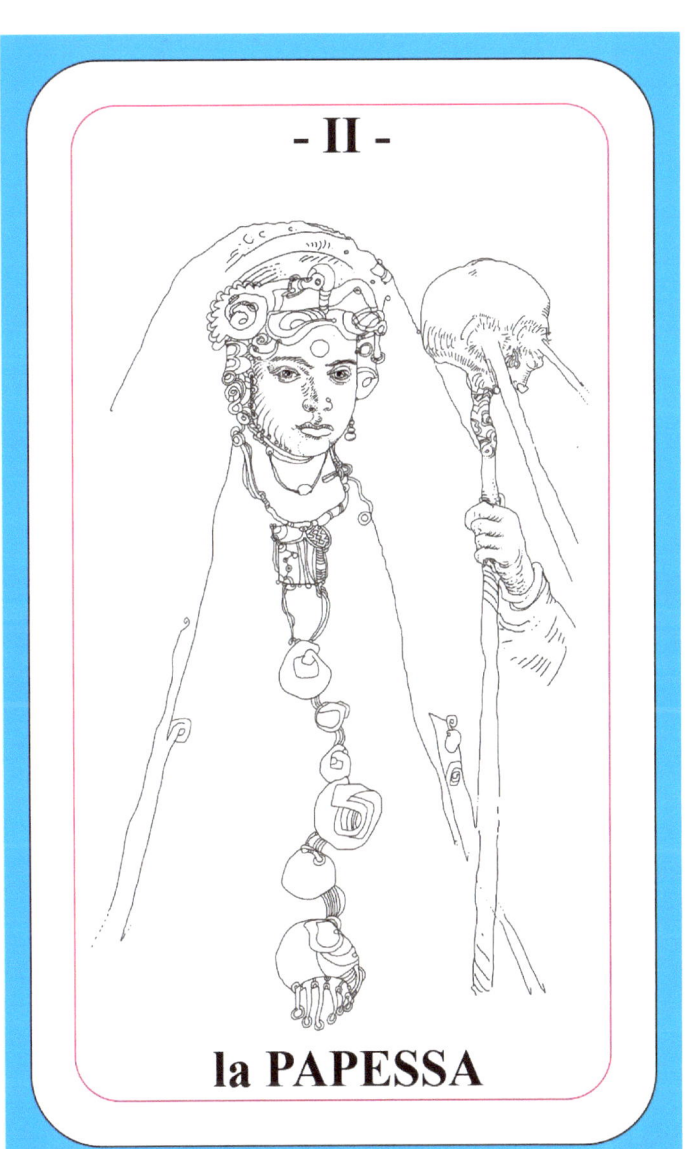

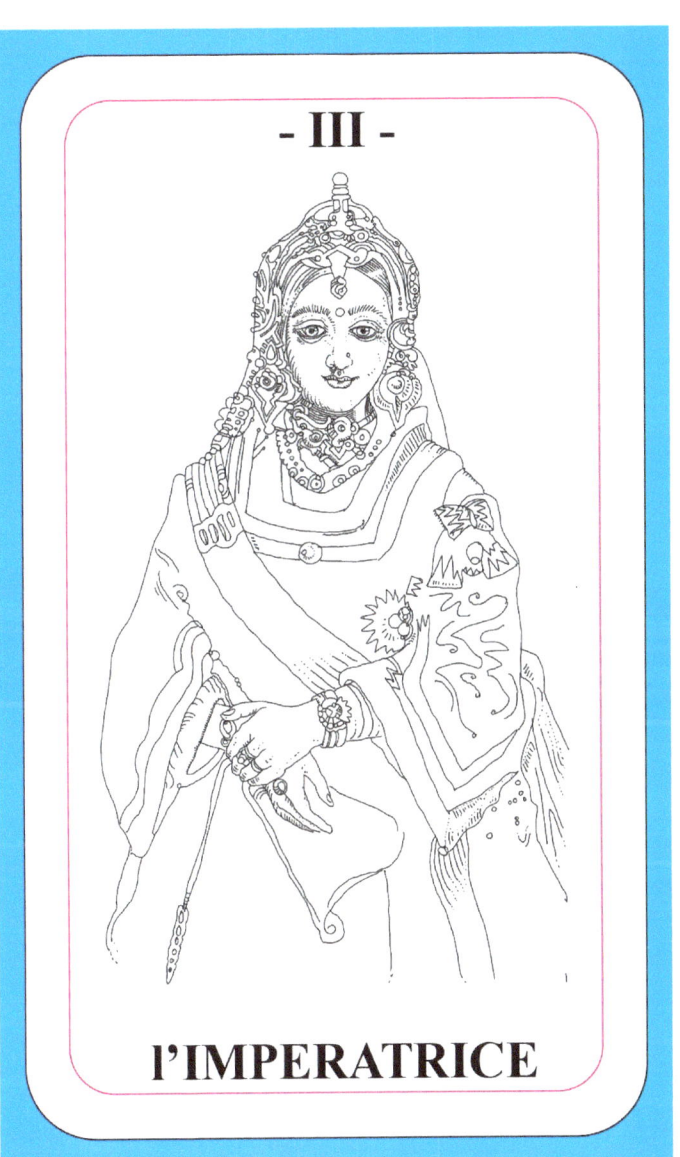

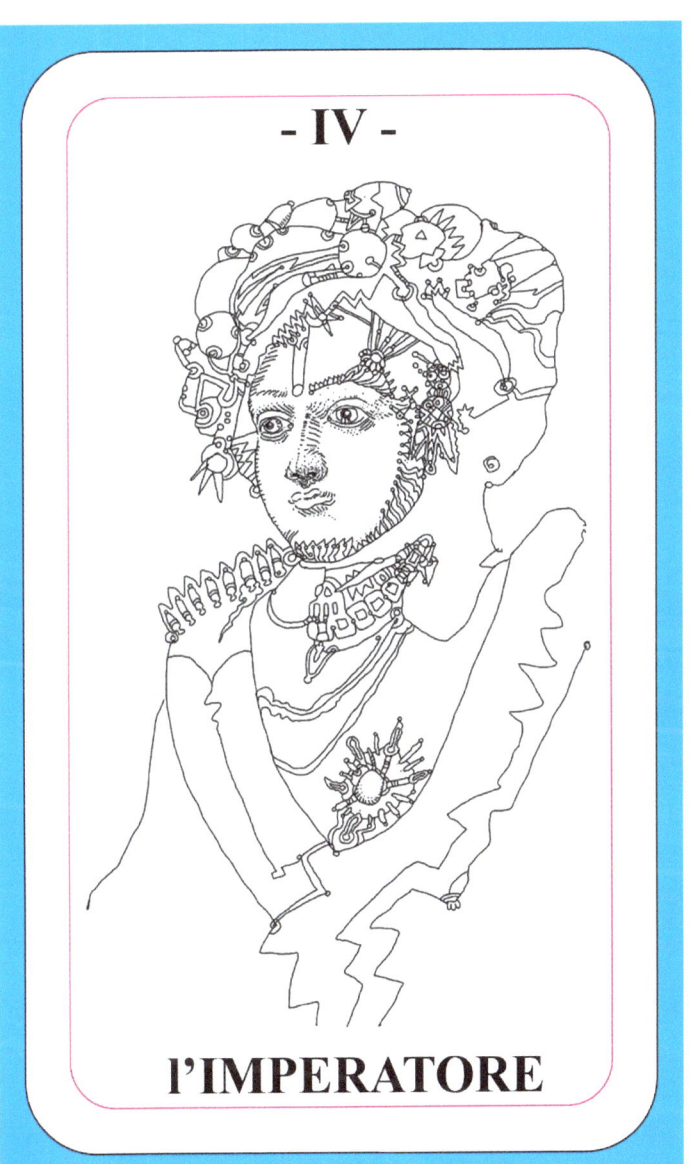

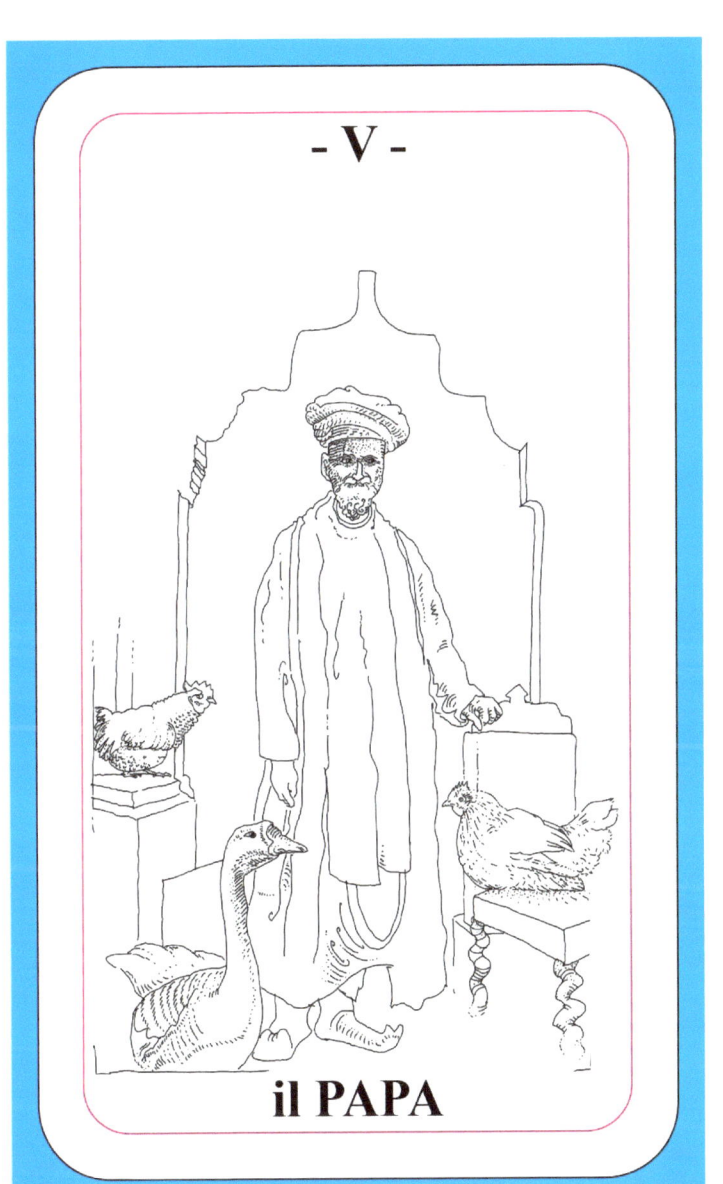

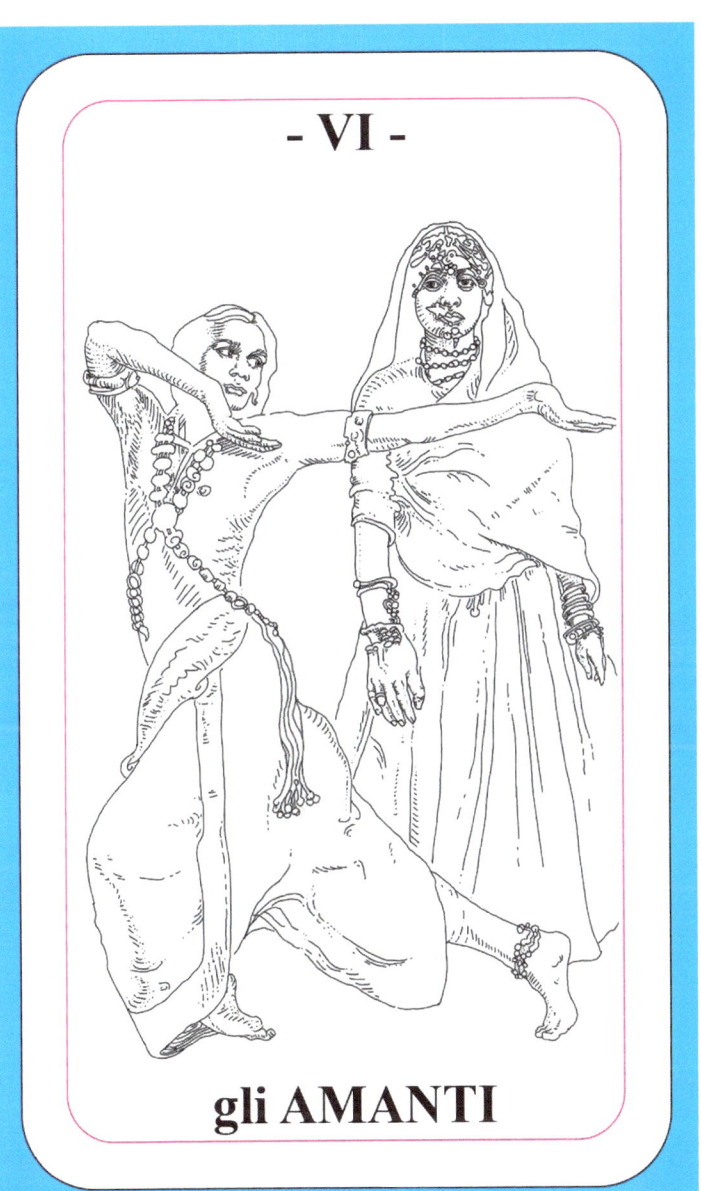

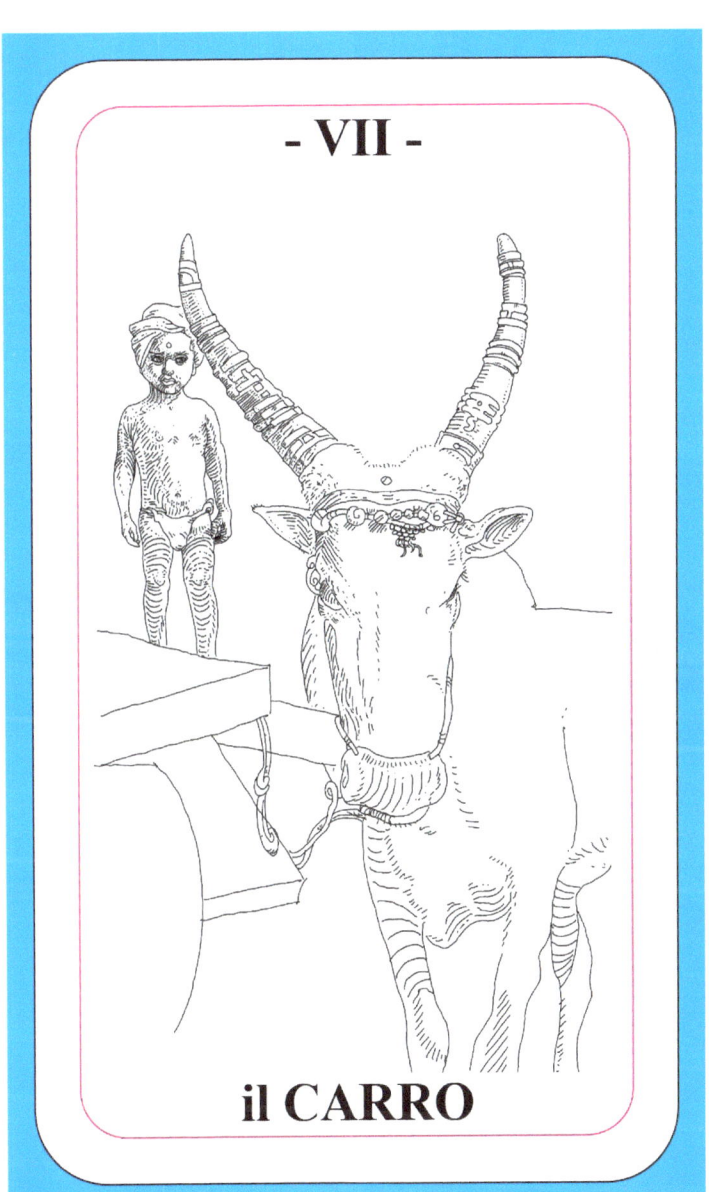

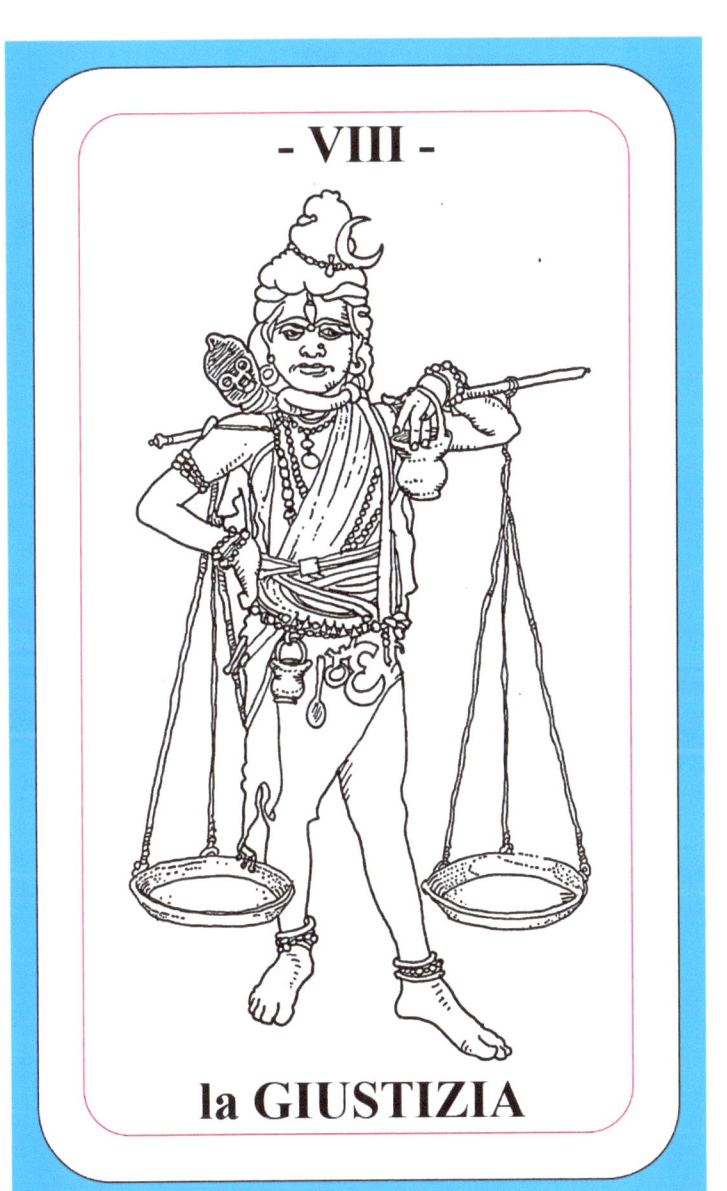

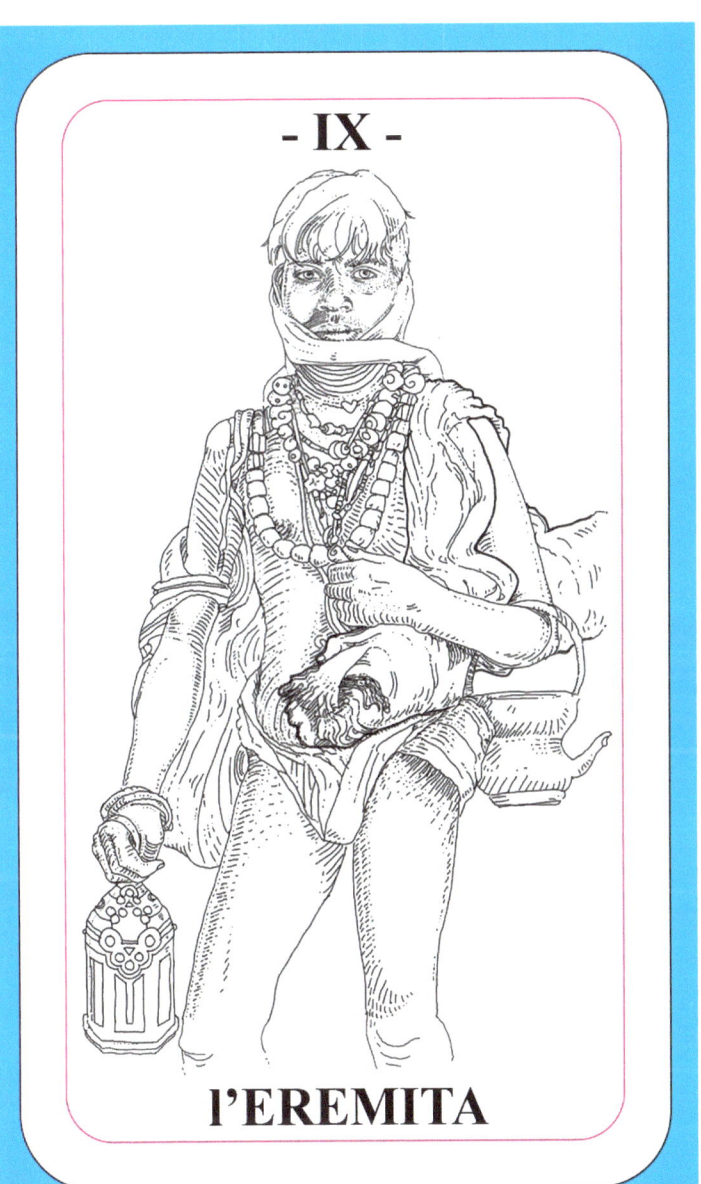

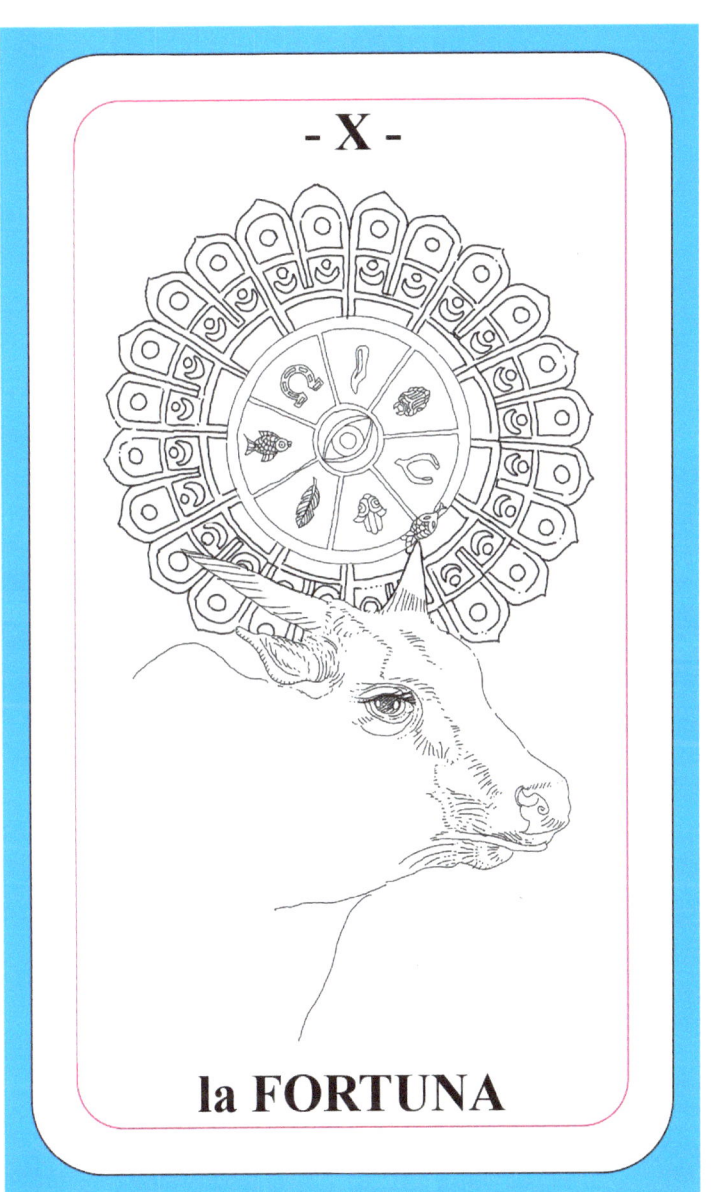

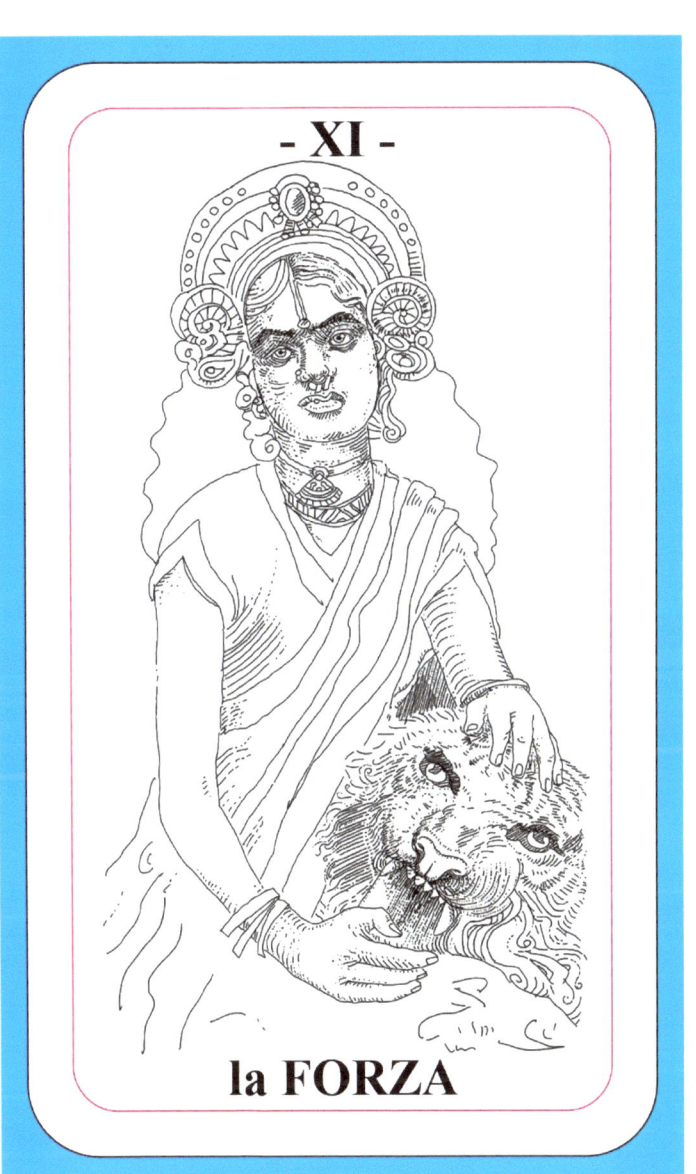

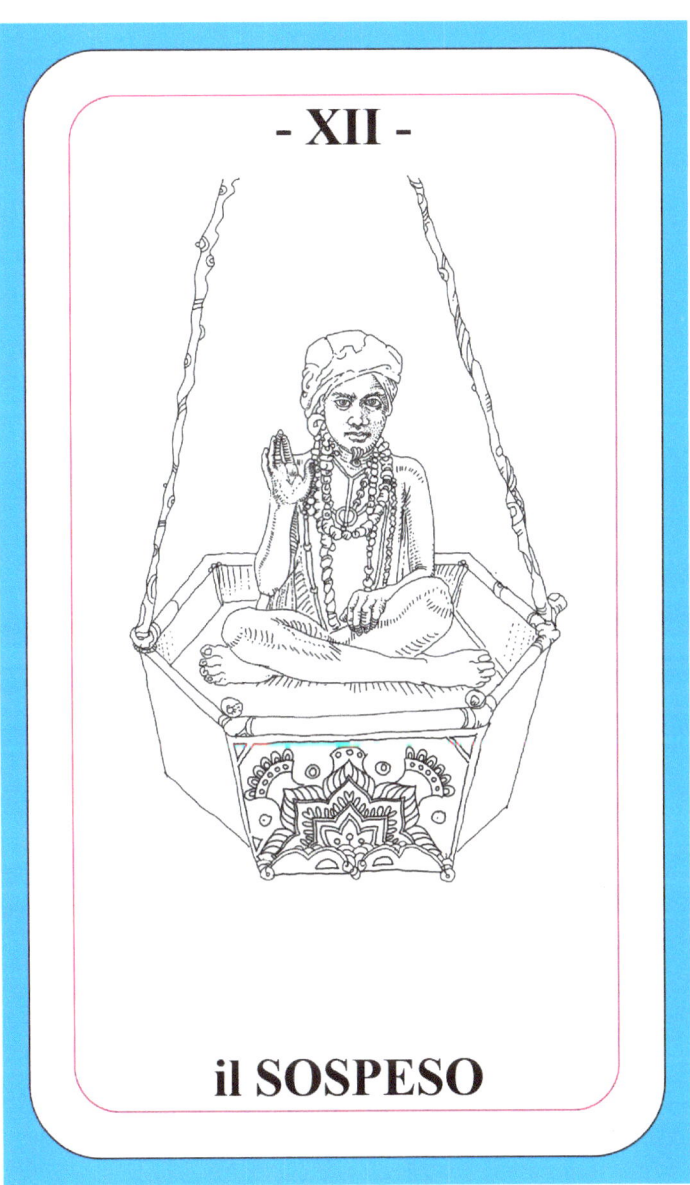

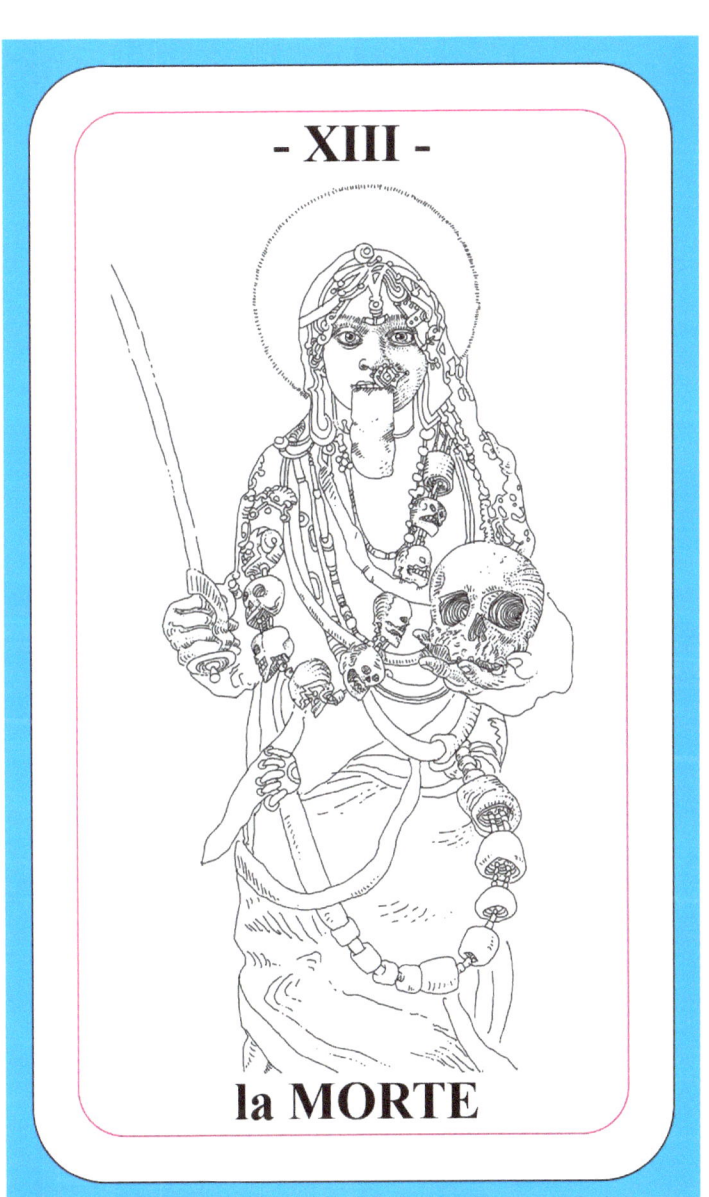

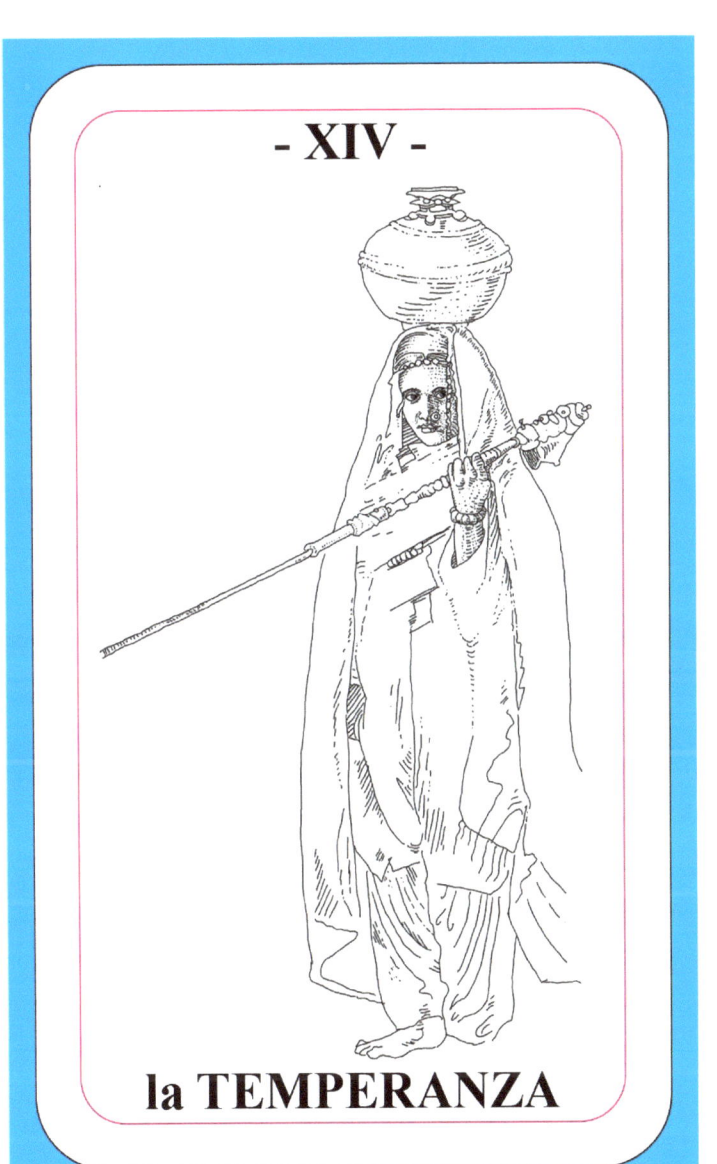

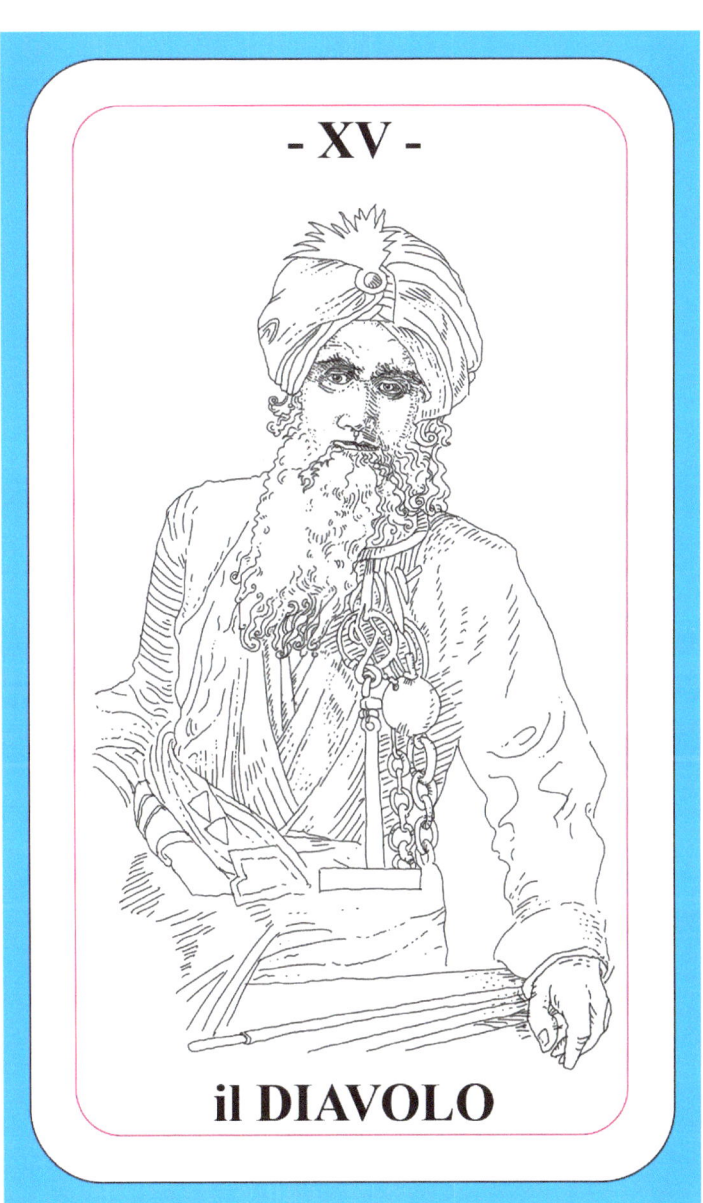

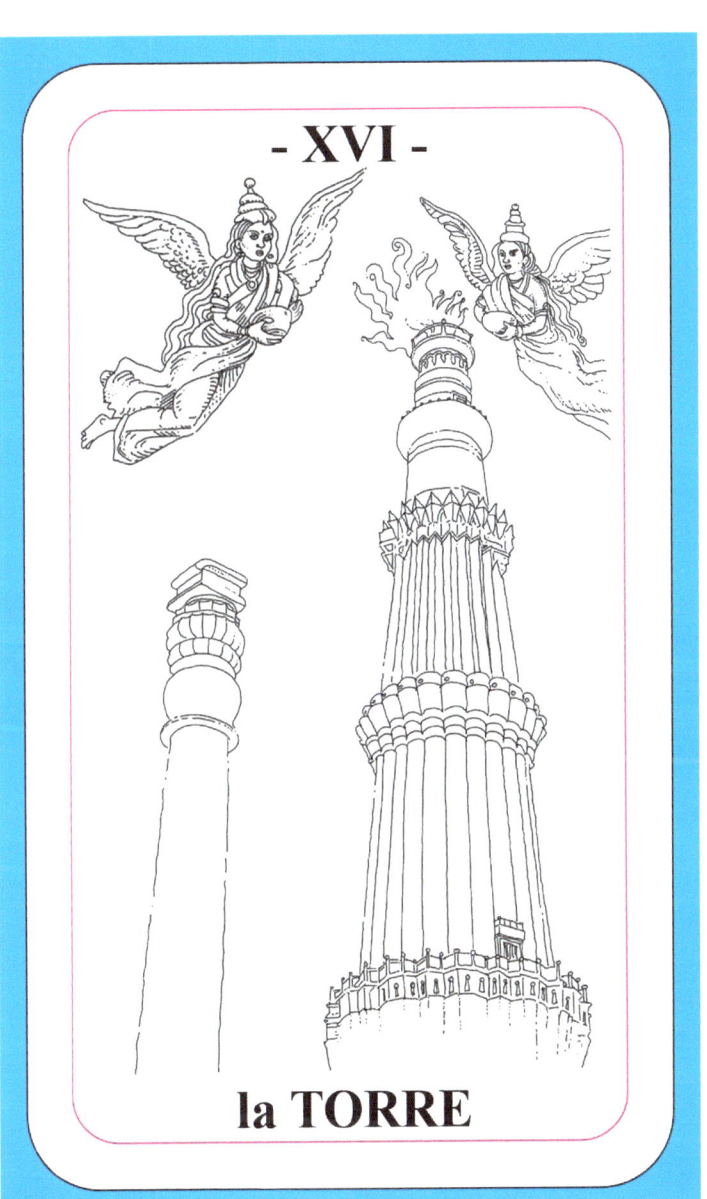

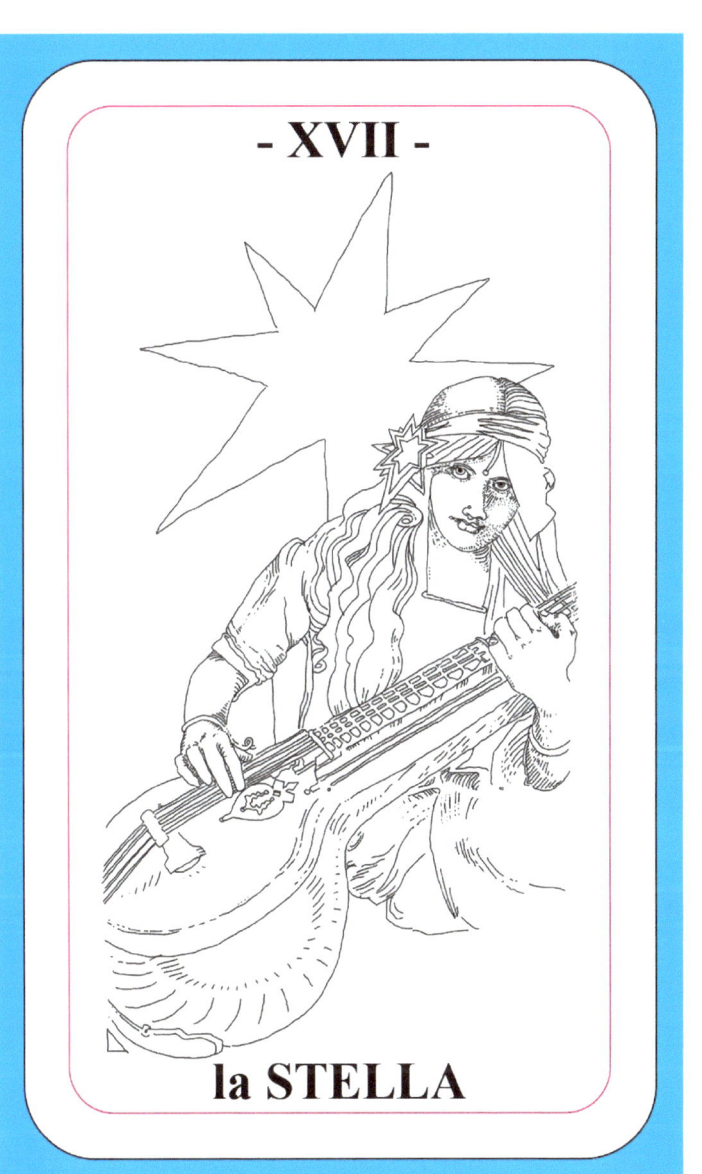

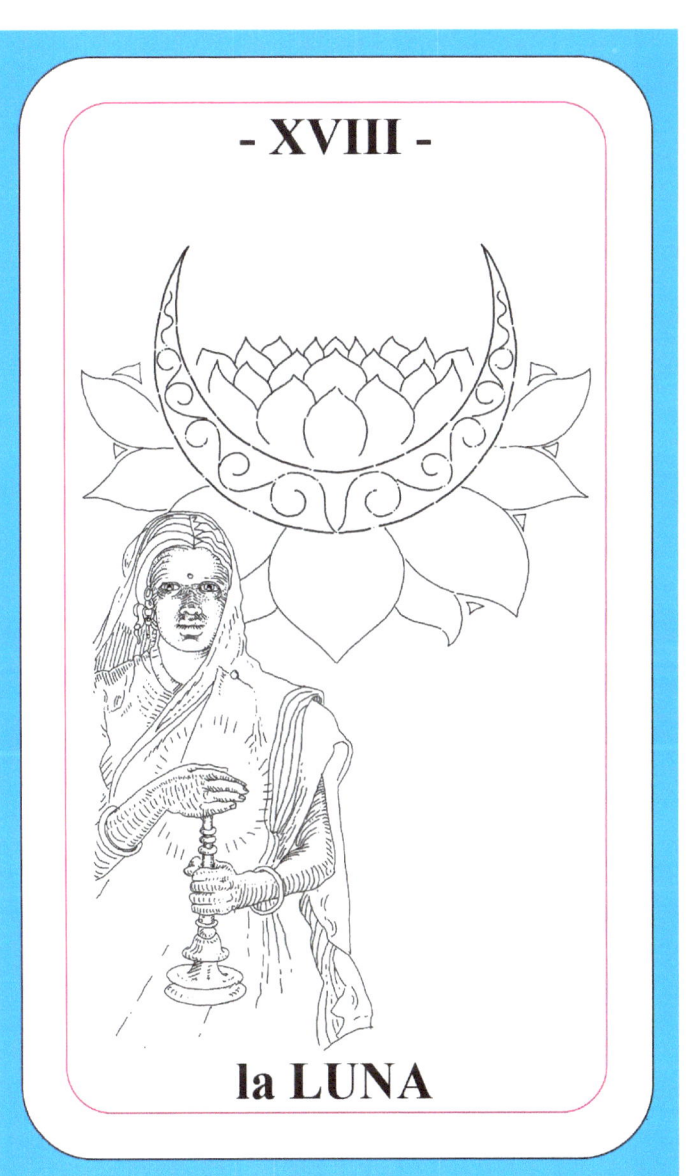

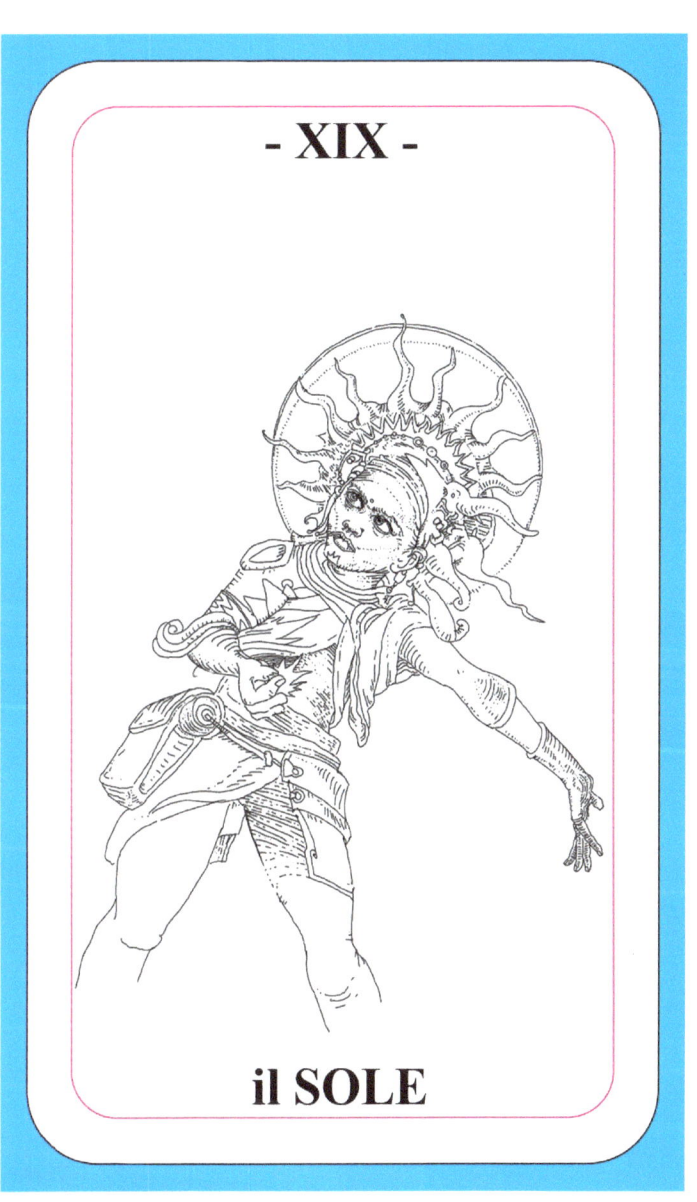

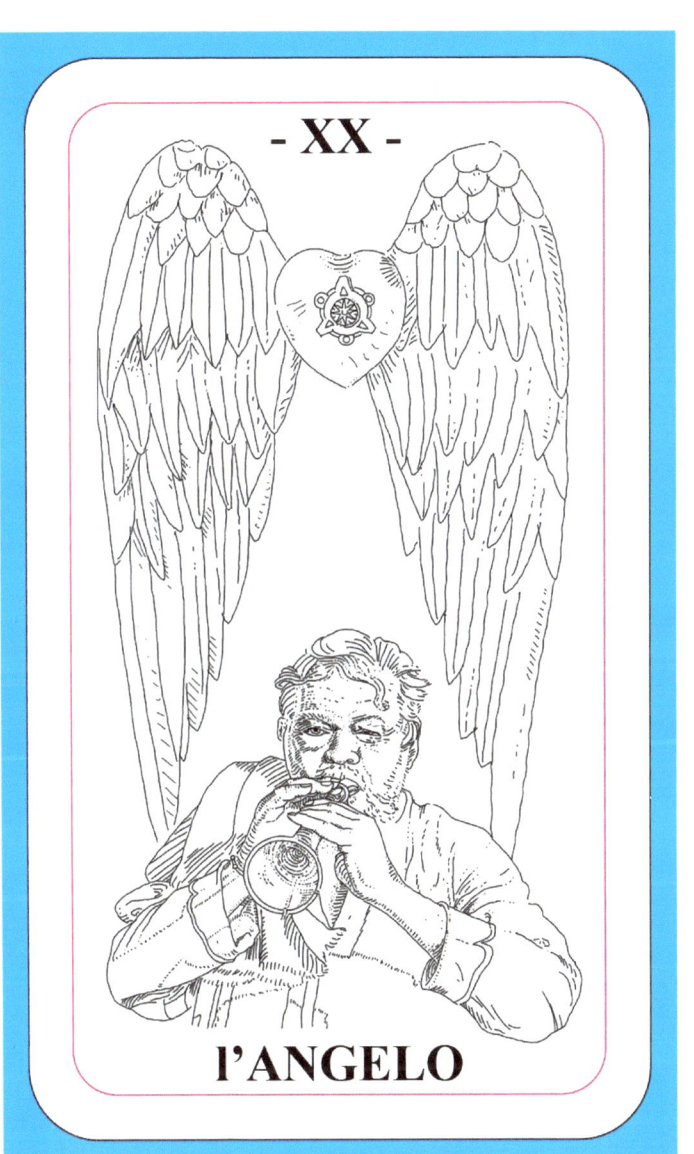

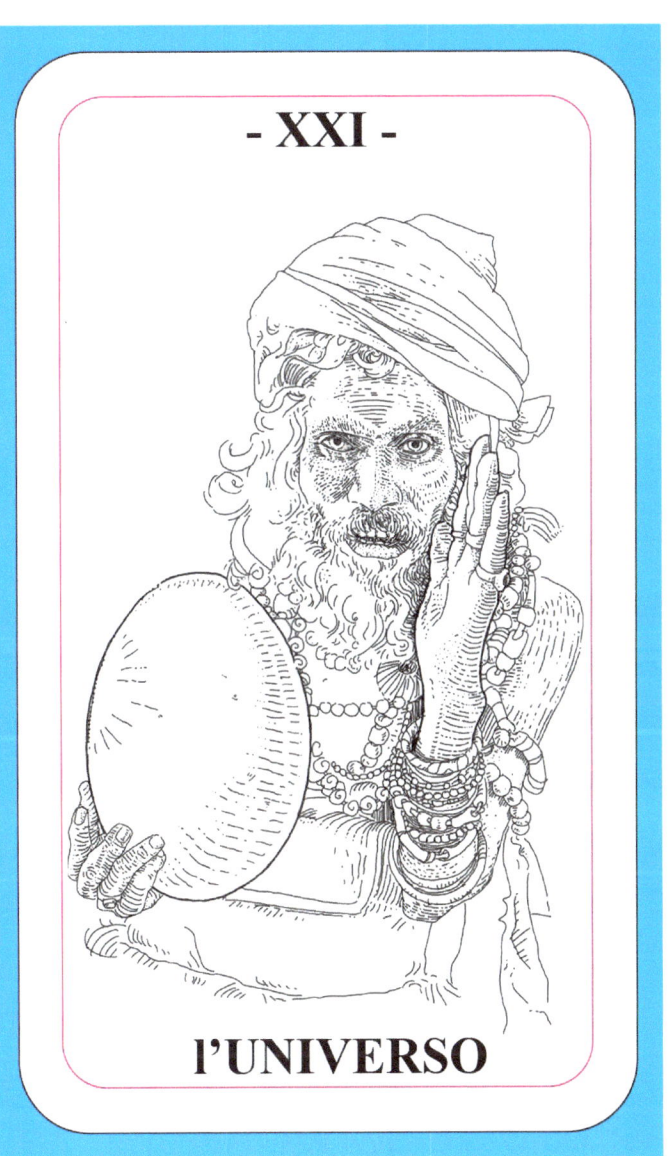

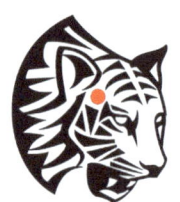

VISUALITYbooks

www.simonegallina.it

© 2063

www.ingramcontent.com/pod-product-compliance
Lightning Source LLC
Chambersburg PA
CBHW040244220526
45473CB00001B/362